LES
DROITS ET LES DEVOIRS
DE
L'IMPÉRIALISTE

PAR

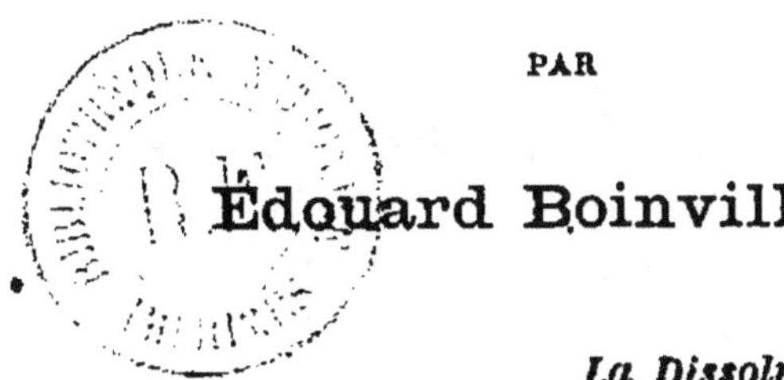

Édouard Boinvilliers

La Dissolution, c'est le salut.

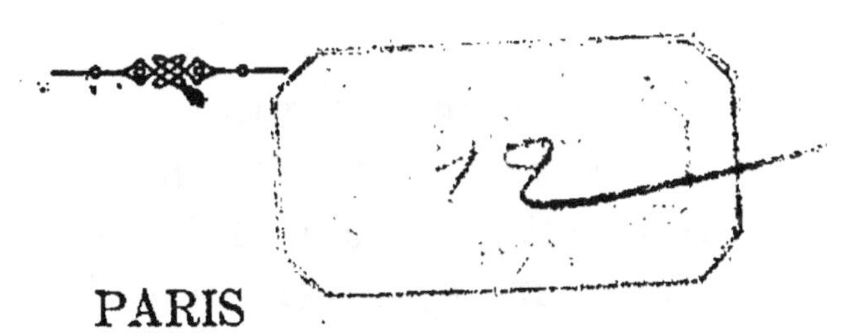

PARIS

E. LACHAUD, ÉDITEUR

Place du Théâtre-Français, 4

—

1875

CECI EST MON OPINION PERSONNELLE ET N'ENGAGE QUE MOI

Ed. B.

La dissolution, c'est le salut.

I

En temps régulier, lorsque le pays est pourvu d'un gouvernement définitif, les partis doivent se taire, et s'ils élèvent la voix, il faut les rappeler sévèrement à l'ordre. En temps irrégulier, alors que le gouvernement est encore neutre ou provisoire, les partis, à condition de respecter la loi, doivent avoir leurs coudées franches; il faut les caresser, au lieu de les gourmander, les prier d'étaler au grand jour leurs espérances, et de mettre en lumière leur personnel et leurs moyens d'action, afin que le public, juge impartial,

puisse adopter un des rivaux et lui adjuger
le pouvoir. C'est, en effet, une bien grande
misère pour un peuple que de n'avoir pas de
gouvernement, mais quelle misère plus grande
s'il n'en pouvait jamais avo'r! Et comment
peut-il en trouver un, à moins de couronner
un de ses partis politiques?

Ce fut le labeur héroïque de la France, à la
fin du siècle dernier, que de faire naître un
parti capable de s'imposer à tous. Déchirée
par deux moribonds : la République succom-
bant sous le poids de ses excès, et la Monarchie sous le poids des ans, le pays allait
être entraîné à sa perte definitive, et serait
bientôt devenu la proie de l'Europe. Grâce à
un homme de génie, un parti nouveau et
vainqueur vit le jour, et la Révolution prit fin
par l'établissement d'un gouvernement régulier. Nous n'avons heureusement besoin ni
de héros ni de partis politiques; si les pre-
miers nous manquent, les autres abondent, et
il ne nous reste qu'à faire un choix.

Que de sottises, grands dieux! nos amis
les conservateurs ont débitées depuis quatre
ans, au sujet des *partis criminels qui ne
voulaient pas laisser souffler notre malheureux
pays! Assez! assez!* criait-on à chaque coin de
rue, dans chaque colonne de journal; *qui*

nous délivrera de cette infernale politique, qui empêche le travail et n'a jamais créé que la misère ? Je suis las, je suis exténué, je n'ai plus qu'un besoin, je ne fais plus qu'un vœu , ajoutait le conservateur en détresse, *c'est de me reposer.* Et cependant il n'y aura ni trêve ni repos pour lui, avant que , par un dernier effort de courage, il ait résolu la question qui est à résoudre : les journaux feront du vacarme, les députés discuteront à perte de vue , les scrutins seront toujours ouverts, et la bourse toujours fermée, tant qu'on ne voudra pas en finir ; en vérité, nous ressemblons à des naufragés qui chercheraient, sur un mauvais radeau, à retrouver toutes leurs aises, et qui s'occuperaient à construire de charmantes cabanes capitonnées, au lieu de s'efforcer virilement vers la terre ferme.

Au surplus, les conservateurs, si fort en courroux contre les partis, savent au besoin changer de langage avec une merveilleuse prestesse. Vous rappelez-vous l'époque où la fusion sévissait à Paris, où l'on ne pouvait faire un pas sur nos boulevards sans la rencontrer triomphante ? Une solution paraissait proche, tout le monde y courut ; et les contempteurs acharnés des partis s'empressèrent autour de celui-là avec une ardeur qu'il ne faisait pas bon de contredire : à n'être pas fusionniste, on gagnait aussitôt le renom de mauvais citoyen, voulant éterniser la révolution ; et les gros mots allaient leur train habituel, et si cet amalgame de Bourbons continuait à ne pas vous sourire, il fallait s'entendre appeler radical, scélérat, voire même bonapartiste! Aux injures près, l'attitude était correcte ; la vérité se faisait jour alors, et parce qu'on la voile aujourd'hui, elle n'a pas cessé d'être la vérité ; après avoir échoué en présentant et en soutenant une solution, il fallait continuer à en présenter et à en soutenir une autre jusqu'à ce qu'on eût trouvé la bonne ; mais, au grand dommage du pays, on se remit à crier de plus belle : « *Tout pour la France, rien pour les partis!* » comme s'il était possible de venir au secours de la France sans s'adresser à un parti. Nous en sommes là ; cependant, à des signes certains, on peut reconnaître que nous allons entrer dans une voie plus logique.

Que chacun s'occupe donc, sans trêve ni merci, de son parti ; il en vantera les bienfaits, il en dissimulera les défauts, on s'y attend, mais le pays est là, qui nous jugera tous. Légitimistes, orléanistes, républicains et bonapartistes, mettons-nous à l'œuvre, combattons honnêtement, bravement, à armes courtoises, drapeau fièrement déployé; que les uns se disputent les masses populaires, que d'autres, plus modestes, se contentent d'agir sur le Parlement: toutes les doctrines, tous les principes sont permis; une seule chose doit être sévèrement proscrite, c'est de n'avoir ni doctrine ni principe; qu'il ne soit plus jamais question dans nos polémiques de ce titre nu de *conservateur*, qui ne sait pas ou qui ne dit pas ce qu'il veut conserver, et, devant des adversaires qui se proclament bien haut républicains, sachons faire choix d'une monarchie et la soutenir. Bon citoyen qui a un parti et qui le défend, mauvais citoyen qui se retire de l'arène et prétend profiter de la victoire sans avoir couru les risques de la bataille!

Qu'on nous permette de dire comment nous comprenons les droits et les devoirs de l'impérialiste.

II

Son droit, il est celui de tous les autres : rien de plus, rien de moins.

Le gouvernement, en faisant de la *trêve des partis* sa raison sociale, a officiellement déclaré par là même qu'ils avaient droit à une

protection égale ou qu'ils seraient tous pour-
suivis avec une égale rigueur ; bien que le mot
répugne à l'idée de persécution, je ne vou-
drais pas jurer que cette manière d'entendre et
de pratiquer le septennat n'ait hanté la cer-
velle de quelques-uns de nos hommes d'État
les plus en vue ; on a dû renoncer à cette chimère, par cette raison péremptoire que les
hommes manquaient pour la pratiquer. Il a
fallu constater (on aurait pu le faire plus tôt)
qu'il n'y a pas d'hommes politiques sans passé
et sans espérance, et que les honorables
MM. Dufaure, Grévy, de Broglie, de Chabaud-
Latour, duc Decazes, duc de la Rochefoucauld,
de Larcy, Magne, etc., ne pouvaient, quand
bien même ils l'eussent souhaité, se défaire de
l'étiquette que tout le monde lisait facilement
sur leur portefeuille ; il restait sans doute un
moyen de réaliser cette souveraine impartialité, c'était de rester immobiles et stoïques
au milieu de ces partis qui, des quatre
points de l'horizon, les accablaient d'injures
ou se disputaient leurs sourires ; mais être
le gouvernement et se croiser les bras doc-
trinalement parut un rôle difficile à soutenir, et on l'abandonna.

Ne pouvant décidément pas entendre la
trêve des partis dans le sens rigoureux de

leur mort commune, on se résolut, faute de mieux, à les laisser vivre en affirmant qu'ils seraient traités impartialement. On sait ce qu'il en est advenu. M. Thiers a compris la trêve en proposant la proclamation de la République, et l'honorable M. de Chabaud-Latour en traitant de factieux les candidats impérialistes. Devons-nous être surpris de pareilles conclusions données à de si séduisantes prémisses ? Assurément non, la faute n'est pas aux hommes, mais à un programme absolument irréalisable, patronné par le gouvernement et toléré par les conservateurs ; l'honorable ministre de l'intérieur n'a fait en définitive que ce que comportaient ses opinions et sa situation. Comme ministre, il ne pouvait pas rester indifférent ou neutre dans une élection politique ; comme orléaniste, il devait nous combattre, et il nous a combattus. A sa place, franchement, nous eussions agi de même ; et s'il plaît à Dieu, nous serons bientôt en mesure de lui rendre la pareille. Peut-être que, nous préparant à de pareille besogne, nous n'aurions pas parlé de la trêve des partis ; passons, c'est là surtout affaire de goût et de peu d'importance politique.

Mais parce que nous trouvons cette trêve parfaitement irréalisable, ce n'est pas à dire que nous supporterons l'injustice que l'on commet vis-à-vis de nous et vis-à-vis de nous seuls; tant qu'il y aura des candidats se disant hautement républicains ou légitimistes, nous nous dirons non moins hautement impérialistes; on a bien souvent injurié et calomnié notre parti, mais je ne sache pas qu'on l'ait encore accusé de niaiserie.

Au surplus, il serait injuste de passer sous silence les tentatives aussi répétées que malheureuses faites par le gouvernement pour arriver à des élections absolument neutres, c'est-à-dire représentant plus particulièrement qu'aucune autre sa couleur et sa signification officielles, réalisant, en un mot, cette trêve des partis toujours invoquée et toujours rebelle; on a inventé et on paraît satisfait de l'invention, puisqu'on veut encore en faire usage, des candidats qui avaient pour consigne unique de ne jamais porter de regards indiscrets au delà du temps dévolu au septennat. Cette myopie volontaire ne fut pas goûtée, et le plus bruyant insuccès couronna les efforts de l'administration.

L'électeur, comme la nature, a horreur du vide; on se bat donc plus que jamais dans l'arène électorale à coups de *définitif* sur le

dos du *provisoire*; c'est fâcheux pour le provisoire, mais c'est excellent pour le définitif; la compensation est suffisante.

Au jour des élections, la trêve des partis est lettre morte pour tous, on ne nomme plus de simples députés, mais de vrais constituants; notre droit reste donc entier, nous en avons usé, et nous en userons encore.

III

Cette fameuse trêve des partis, qui dans la pratique n'a jamais été et ne pourra jamais être exécutée, dissimulait son indigence derrière un pompeux programme, qui fit bien des dupes dans notre innocent pays; je dis innocent, car nous tous, concitoyens de Voltaire et de Beaumarchais, nous sommes fort peu au courant des choses de la politique.

On alla répétant partout qu'il fallait une trêve, pour que le pays eût le temps de se réorganiser, et de calmer ses passions.

Cette absurdité fit fureur, et l'on se mit bravement à travailler à l'impossible, cherchant à éterniser un expédient, naturel pour quelques mois, et voulant trouver place pour un gouvernement régulier entre celui qu'on avait renversé et celui qui devait le remplacer.

Le résultat, tout le monde le connaît : depuis quatre ans, on a mis sur le tapis législatif tous les projets destinés à *réorganiser* la magistrature, le Conseil d'Etat, l'armée, la presse et encore bien d'autres institutions; ils furent abandonnés ou laissés à moitié route; aucun, absolument aucun, n'a pris place dans le recueil de nos lois; il faudrait être de bien mauvaise foi pour imputer à qui que ce fût la responsabilité de ces avortements successifs : ils étaient absolument forcés, et personne n'eût pu mieux faire que nos législateurs: c'est, en effet, une loi commune à tous les êtres créés qu'ils ne peuvent engendrer que leurs semblables ; un gouvernement provisoire ne peut donc mettre au jour que des lois provisoires comme lui, des lois de circonstances, utiles pour parer à des accidents politiques, mais incapables de jeter les assises de la réorganisation d'un pays.

Hélas! qu'est devenue cette pacification des esprits si caressée par les conservateurs ?

Les dernières élections municipales, ont éclairé d'une lueur sinistre le ciel gris et bas qu'ils laissent s'appesantir sur leurs têtes.

On s'aperçoit trop tard que les passions po-

litiques sont encore frémissantes dans presque toutes nos grandes villes et que ces élections sont de beaucoup inférieures à celles qui ont eu lieu sous le consulat de l'honorable M. Thiers ; ce n'est pas assurément que cet homme d'Etat se soit montré plus conservateur que l'honorable maréchal de Mac Mahon et son gouvernement ; la situation est devenue pire simplement parce qu'elle s'est prolongée. Cette déduction, si peu rassurante qu'elle soit pour l'avenir, est indiscutable.

1V

Ne pouvant honnêtement exclure l'impérialiste de la trêve des partis, on a essayé de le chasser du terrain électoral en lui opposant le décret de déchéance voté par l'Assemblée nationale en 1871, et dont voici les termes exacts :

« L'Assemblée nationale clôt l'incident et,
» dans les circonstances douloureuses que
» traverse la patrie, en face de protestations
» et de réserves inattendues, confirme la
» déchéance de Napoléon III et de sa dynastie
» déjà prononcée par le suffrage universel, et
» le déclare responsable de la ruine, de l'in-
» vasion, et du démembrement de la patrie. »

Mais il a fallu encore abandonner cette arme

émoussée. En effet, ce n'est pas assez de confesser, comme on a été obligé de le faire ces jours-ci devant l'apostrophe de M. Rouher, *que la nation n'est pas déchue de son droit*, il faut concéder aussi que, jusqu'au moment où la nation rentrera dans l'exercice de ce droit, nous pouvons paraître dans la lice sous nos véritables couleurs.

En admettant même les théories les plus difficiles à soutenir, en concédant, contre toute raison, que cette Assemblée, issue du suffrage, lui soit supérieure ; en fermant volontairement les yeux sur les irrégularités nombreuses qui ont été signalées dans l'émission de ce vote célèbre ; en en admettant la légalité parfaite, ne faisant de réserves qu'au sujet de la répartition des responsabilités, qui est une appréciation et ne saurait avoir force de loi ; et au sujet de cette erreur matérielle qui fait constater la déchéance de l'Empereur par le suffrage universel, il n'en reste pas moins évident que ce qu'on a voulu frapper, c'est une dynastie et non un principe. Donc, au point de vue de l'Assemblée, tant que ce corps politique vivra ou qu'il n'aura pas changé d'avis, la famille des Napoléon est exclue du trône, mais l'Empire peut renaître le plus légalement du monde.

Chaque jour, pour toutes les branches de l'administration, sur toutes les questions politiques, le gouvernement actuel fait de larges emprunts aux traditions impériales ; il fait plus que de reconnaître la parfaite légalité de l'Empire, il en reconnaît l'utilité, il y met même un tel entrain, on pourrait dire une telle abnégation, que le type préféré du gouvernement actuel pourrait être la constitution de 1852.

C'est d'ailleurs une prétention puérile, qui n'a été admise sous aucun régime, que d'exclure de la scène les hommes et les lois d'une autre époque. Les légitimistes et les républicains ont paru sous le gouvernement de Juillet, et les parlementaires ne se sont pas gênés sous l'Empire pour afficher et vanter leurs doctrines.

On comprend donc, sans l'excuser, un moment de colère contre un homme ; on admet, tout en le regrettant pour eux, que des conservateurs, jetés inopinément au pouvoir, après avoir vingt fois essayé d'y arriver par des voies régulières et sous un gouvernement régulier, aient légitimé, autant qu'il était en eux, l'acte le plus révolutionnaire que l'histoire puisse enregistrer : le renversement d'un pouvoir national aux prises avec l'ennemi ;

mais ce qu'on ne comprendra jamais, et ce qui ne supporte pas l'examen, c'est que l'on prétende exclure de l'arène électorale une doctrine politique quelconque.

Il est pénible pour un conservateur d'avoir absous le 4 septembre ; mais ce serait de l'impénitence finale que de suivre les révolutionnaires jusqu'aux proscriptions qu'ils ont décrétées contre nous.

V

Notre droit est incontestable : Quels sont nos devoirs ?

Ils dérivent tous de notre prétention à être les défenseurs attitrés de la cause de l'ordre en France ; le pays et le gouvernement trouvent notre prétention légitime; les candidats impérialistes sont les seuls, en effet, que l'électeur estime capables de tenir tête aux radicaux, et l'administration, quand elle doit réprimer un désordre quelconque s'empresse de recourir à l'arsenal impérial; nos hommes et nos doctrines sont donc regardés par tout le monde comme les hommes et les doctrines de l'ordre.

Ce drapeau nous oblige à donner au gouvernement toutes les armes qu'il nous demandera, pour combattre les hommes et

les doctrines de désordre ; nous n'attendrons pas qu'il nous les demande, nous les lui offrirons.

Cependant, comme ce mot, *l'ordre* est un peu vague, qu'il peut être compris de bien des manières et que, sous ce prétexte, on pourrait exiger de nous des sacrifices incompatibles avec nos principes, il a été nécessaire de s'expliquer, et il n'est peut-être pas inutile de le faire une fois de plus.

L'honorable M. de Broglie nous demandait naguère, au nom de la *raison humaine outragée*, d'abandonner en matière électorale l'*absurde loi du nombre* et de revenir à la loi logique *des intérêts* et *des capacités*.

On nous savait hostiles à cette prétendue logique et d'aimables esprits regrettaient que la raideur de nos convictions et l'excès de notre reconnaissance pour un système électoral auquel, dans le passé, nous avions dû notre supériorité, nous forçassent à déserter ce qu'ils appelaient la vraie cause conservatrice. Qu'ils se rassurent : la cause de l'ordre remise entre les mains du *nombre* n'a jamais périclité en France, et en soutenant *le nombre* nous soutenons l'ordre ; nous disions alors et nous répéterons encore : *Le nombre, c'est la suprématie donnée aux masses agricoles et enlevée aux masses urbaines ; le nombre, c'est le vote disciplinable et désintéressé s'imposant aux fantaisies multiples et aux calculs ambitieux de la classe censitaire; le nombre, c'est la richesse, fille de la sécurité; le nombre, c'est la protection assurée aux châteaux qui le dédaignent; le nombre, c'est, de proche en proche, la mise en lumière et l'autorité accrue des trois forces conservatrices de la société : le prêtre, le magistrat, le soldat. »*

Notre langage n'était guère écouté, et l'on répétait tristement : Ah ! sans doute, le *nombre* produisait ces merveilles sous l'Empire ; mais depuis il ne fait que des sottises, et au Parlement comme dans les conseils municipaux, il entasse radicaux sur radicaux.

Remarquons d'abord, en passant, que, puisque le gouvernement, malgré toutes ses supplications, n'obtient du suffrage universel que des rebuffades, il ne suffit pas, comme on le prétendait autrefois, de détenir le pouvoir pour obtenir de ce système électoral des votes de complaisance ; ensuite le temps a marché, des faits nouveaux sont survenus, le *nombre*, l'*absurde nombre* s'est réhabilité ; dans les élections politiques, il a été facile de discerner à la répartition des voix que les masses rurales tenaient toujours pour l'ordre, et que l'insuccès des conservateurs n'avait pour cause que leurs divisions; l'électeur était resté fidèle à lui-même, on a fait seulement un mauvais usage de sa fidélité. Dans les élections municipales, la vigueur et la prépondérance des idées conservatrices se sont accusées d'une manière encore plus précise; la composition de tous les conseils radicaux dans les villes met en relief du même coup la sagesse de nos campagnes. Ils ne sont pas un million, ceux qui ont nommé les radicaux; ils sont plus de quatre millions, ceux qui ont nommé des hommes d'ordre.

Proposez donc, après une pareille épreuve et dans un pays aussi énergiquement constitué, proposez donc des lois qui donnent toute l'influence aux *intérêts* et aux *capacités*, c'est-à-dire aux agglomérations urbaines; des lois qui ôtent toute puissance aux masses agricoles, lesquelles ne rentrent ni dans le cadre des *capacités* ni dans le cadre des *intérêts*. Pour enlever l'électorat à un brouillon dans les grandes villes, on supprimera trois voix rurales et conservatrices. Quelle triomphante arithmétique politique !

Il est donc bien entendu que nous soutiendrons le suffrage universel avec la passion que nous mettons à soutenir l'ordre lui-même.

VI

Cependant, en vue des élections générales, et à raison des infortunes du gouvernement aux élections partielles , il est possible qu'on se décide à présenter une loi électorale. On peut prédire, dès aujourd'hui, qu'elle laissera le suffrage universel dans son intégrité à peu près absolue; mais on débattra certainement, et avec une grande animation, certaines questions accessoires, telles que le scrutin de liste, par opposition au vote par arrondissement.

La tendance accusée des conservateurs est pour ce dernier mode électoral, et ils seraient assurément dans la bonne voie si l'on n'avait en vue que des élections régulières, faites sous un gouvernement définitif. En ces temps heureux, dont nous sommes bien loin, l'électeur ne se passionne que pour les qualités ou contre les défauts d'un candidat; il n'a jamais à se prononcer sur l'existence même du gouvernement, et encore moins sur le choix à faire d'un gouvernement nouveau; les deux situations sont absolument différentes, et ne nous paraissent pas devoir être dénouées par une règle et par des moyens semblables.

Dans le premier cas, on nomme un citoyen; dans le second, on répond à une question posée, soit par la force des choses, soit par le gouvernement lui-même ; dans le premier cas, les résultats acquis après l'élection présenteront autant de variétés et de nuances d'opinions qu'il y aura d'élus; dans le second, on n'aura à enregistrer qu'une masse uniforme de oui et de non, de républicains ou d'anti-républicains ; dans un cas, l'homme est tout, il n'y a pas de drapeau; dans l'autre, le drapeau couvre à ce point les hommes qu'on ne les distingue plus sous ses plis.

Pour cette grande consultation populaire qui, quoi qu'on fasse, affectera nécessairement les allures d'un plébiscite, il faut laisser aux deux grands courants politiques qui s'établiront dans le pays leurs coudées absolument franches ; mêler à ce débat solennel les questions de personnes, leurs qualités ou leurs défauts, leurs influences locales, c'est courir le risque de paralyser ou de déconcerter la liberté de la réponse à la question posée.

Sans doute le scrutin de liste est un procédé révolutionnaire s'il en fût, et doit être vertement répudié du fonctionnement d'un gouvernement régulier, c'est cependant le seul moyen efficace pour sortir d'une révolution.

Mais pourquoi donc, dira-t-on, faut-il nécessairement se battre à coups de drapeaux, pourquoi ne pas se contenter de nommer des députés ?

Les dernières élections ne permettent pas de se tromper sur l'attitude que prendront dorénavant les électeurs.

Dans ces élections, il n'a été au pouvoir de personne d'empêcher la question du choix de gouvernement de se poser, et, comme nous l'avons déjà dit, malgré tous les efforts de l'administration pour neutraliser ses candidats, elle n'a pu en faire passer aucun. On a voté consciencieusement et l'on pourrait dire presque exclusivement en faveur de républicains, de légitimistes ou d'impérialistes ; les orléanistes, par une modestie regrettable et obéissant sans doute à une délicatesse exagérée, n'ont pas voulu nous écraser du poids de leur nombre et de leur influence prépondérante dans le gouvernement ; se dissimulant sous les couleurs républicaines, ils ont assuré partout le succès de cette variété de députés qui se disent modérés et qui votent constamment avec les radicaux.

S'il est incontestable que, même dans ces

escarmouches qu'on nomme élections partielles, on a déjà renoncé à nommer de simples députés, et qu'on nomme de véritables constituants, on peut affirmer que la grande bataille étant engagée, on agira de même et à plus forte raison.

Au surplus, les conservateurs seront forcés de combattre sur le terrain qu'auront choisi leurs adversaires, et l'on se doute bien que les républicains, qui ont trouvé moyen de poser la question du gouvernement définitif dans les élections municipales, ne manqueront pas de le faire dans cette décisive rencontre.

Quand, à grands coups de grosse caisse radicale, on proclamera partout la République, il faudra se résoudre à répondre monarchie; que ferait, dans ce concert assourdissant, la douce flûte conservatrice et libérale de l'honnête M. Prud'homme ?

VII

Que deviendront, dans cette tourmente électorale, les pouvoirs si laborieusement étudiés du maréchal de Mac Mahon ? En face d'une assemblée nouvelle, monarchique ou républicaine, quel sort lui est réservé?

Si les conservateurs ont le sentiment juste
de la situation et des nécessités qu'elle com-
porte, ils pourront conserver au maréchal une
position dominante et protectrice de leurs
intérêts ; mais pour arriver à ce résultat si
désirable, il faut qu'ils fassent avec soin la
séparation de ce qui, dans les pouvoirs du
maréchal, est d'essence dictatoriale et passagère, et de tout ce qui affecte les allures
d'une organisation politique.

Cette séparatien faite, les conservateurs
feront sagement de tout accorder d'un côté et
de tout refuser de l'autre ; quand on s'est
trompé, il faut confesser franchement son
erreur : on s'est imprudemment engagé sur le
terrain des lois constitutionnelles, on a offert
d'organiser le septennat ; il faut résolûment
jeter par dessus bord cet attirail révolutionnaire. Toutes les subtilités et tous les rai-
sonnements du monde n'empêcheront pas l'organisation du septennat d'être l'organisation de
la République elle-même. Les conservateurs
ont voulu créer des institutions à l'usage
exclusif du maréchal, ils n'arriveraient qu'à
dresser un lit pour d'autres que lui ; ils
auraient créé de toutes pièces une machine
républicaine, une sorte de *Septennat omnibus*
capable de recevoir dans ses flancs le chef

heureux d'une intrigue parlementaire, ou le héros d'une bataille de la rue.

A ce point de vue, que personne ne peut contester, tout établissement de Chambre haute; toute transmission du pouvoir, régulièrement organisée, est un danger sérieux pour l'ordre, car l'ordre est le contraire de la République. Il faut donc s'attendre à voir les impérialistes voter avec ensemble contre ces projets.

VIII

Il n'en est pas de même d'un pouvoir considérable qu'on accorderait au maréchal; celui de dissoudre l'Assemblée future.

C'est là une attribution essentiellement personnelle, c'est une dictature donnée à un homme sous certaines conditions déterminées. Bien qu'il n'entre pas dans nos prévisions que le maréchal ait besoin de recourir à ce pouvoir vraiment royal, il est cependant bon qu'on le lui confie, d'abord parce que les conservateurs, dans notre pays, ne doivent jamais tolérer d'Assemblée souveraine; et puis, parce que l'on peut toujours craindre d'une Assemblée, même non souveraine, quelque folie regrettable. Cette marque de confiance accordée au maréchal sera, en même temps, une

2

assurance pour les conservateurs, lorsque, le moment de la dissolution de la Chambre actuelle étant arrivé, il faudra recourir à la consultation populaire.

IX

J'arrive à un point aussi grave que controversé :

La dissolution de l'Assemblée actuelle.

Un certain nombre de conservateurs regardent encore cette dissolution prochaine comme un danger. Je crois fermement, pour ma part, que là est le salut.

Ce qui frappe d'abord tout esprit réfléchi, c'est la fatalité de cette dissolution dans un bref délai.

Les assemblées vieillissent et meurent comme tous les êtres créés. Lorsqu'elles ont rempli les devoirs qu'elles se sont imposés, ou qu'il est devenu évident qu'elles ne peuvent pas les remplir, elles disparaissent ; ainsi il arrivera de celle qui nous gouverne aujourd'hui, et ce n'est pas lui manquer de respect que de lui prédire le sort de toutes ses devancières.

Le gouvernement, de son côté, est plus enclin à la dissolution que ne le suppose sa clientèle conservatrice. Le maréchal s'est à plusieurs reprises fort carrément exprimé au sujet des lois constitutionnelles ; quand ces lois auront été rejetées, le gouvernement sera forcément dissolutionniste; il y a eu des engagements pris avec une trop grande hauteur, pour qu'on les oublie.

Et puis, il y a le cours naturel des choses, la continuation du *statu quo* qui, à vingt cinq élections par an, amènera, en dix-huit mois ou deux ans, une majorité républicaine capable d'imposer à l'Assemblée le gouvernement de son choix. Le lendemain de ce jour, le maréchal sera renversé, la majorité conservatrice dispersée et des fonctionnaires républicains remplaceront partout fort légalement et fort légitimement les fonctionnaires actuels qui ne le sont pas; les élections générales se feront, par et pour les républicains.

N'est-il pas plus sage de devancer cette catastrophe absolument inévitable dans un temps donné, et de faire faire des élections générales, par et pour les conservateurs avec un maréchal de France comme chef du pouvoir exécutif, et une administration conservatrice ?

C'est là le plus grand et le plus signalé service que le duc de Magenta puisse rendre à la cause de l'ordre; c'est, à proprement parler, et pour qui veut regarder au fond des choses, la mission suprême que les conservateurs ont entendu lui confier: Il sera le grand juge de nos querelles de parti, et c'est de sa main que le vainqueur recevra le prix de sa victoire; ce sera le prévôt chargé de veiller à ce que le combat ait lieu courtoisement, et sans toucher à l'ordre matériel.

C'est un grand rôle, et ceux qui ont rêvé pour le maréchal un gouvernement régulier et non une dictature passagère et féconde, sont des amis peu clairvoyants.

Oui, il faut courir quand même les chances des élections générales, parce qu'en hésitant à le faire, on les laissera à la merci de nos adversaires.

X

Il ne faut pas croire que le parti de l'ordre court, dans cette nécessaire aventure, de bien grands périls.

On a remarqué, en effet, que toutes les élections françaises faites à titre général et toutes les consultations populaires connues sous le nom de plébiscite ont donné ou des majorités ou des solutions conservatrices;

c'est déjà, il faut en convenir, fort rassurant; à regarder les choses de plus près, on voit se confirmer et non s'amoindrir ce résultat heureux. Ne nous attardons pas, si l'on veut, sur les plébiscites impériaux, ou les élections générales faites pendant cette période de notre histoire; on pourrait être tenté de renier ces exemples parce qu'ils sont les produits d'un temps profondément calme et la réponse d'un peuple heureusement asservi à la discipline féconde de l'ordre et du travail; mais en s'arrêtant un instant sur l'élection du prince Louis Bonaparte, nommé président de la République, on trouvera avec profusion les preuves de l'esprit invariablement conservateur du peuple français.

Il faut se rappeler qu'à cette époque, le pays était ou plutôt paraissait absolument républicain; que la République avait été non-seulement acclamée, selon l'argot des émeutiers, à qui elle doit le jour, mais votée et régulièrement constituée; qu'elle n'avait contre elle aucun parti capable de lui faire échec; l'impérialiste n'était pas né, les légitimistes étaient fort mal vus, et les orléanistes, sous le coup de leur récente défaite, ne bougeaient pas plus qu'ils n'ont bougé lorsque leur défaite a cessé d'être récente; notez que la bourgeoisie presque tout entière votait pour Cavaignac ; le Prince n'était connu que d'un très-petit nombre de fidèles, le peuple français n'avait jamais vu que sa caricature répandue à flots dans tout le pays par les soins du gouvernement.

Ainsi, tout semblait réuni à souhait pour amener une solution républicaine ; le peuple, qu'on accuse d'instincts révolutionnaires, quoiqu'il ne les montre jamais lorsqu'on veut bien l'interroger, ce peuple répondit en nommant l'héritier du grand empereur ! Impossible de se montrer plus explicite, plus conservateur et moins républicain.

L'élection de 1871 présente, s'il est possible, des caractères encore plus frappants : les ravages de l'invasion, une souffrance universelle, les horreurs de la guerre encore parlantes, le territoire occupé par l'ennemi, l'amer pressentiment d'une paix désastreuse ; que d'excuses pour des solutions révolutionnaires ! Les cœurs meurtris ne sont pas d'habitude enclins à la modération et à la sagesse, et cependant l'Assemblée fut en majorité conservatrice ; elle le fut, en dépit d'une situation accidentelle plus redoutable encore que le malheur et la misère universels. Le gouvernement révolutionnaire avait mis hors la

loi tout le personnel conservateur du dernier
régime. Tout homme qui, de près ou de loin,
avait servi l'Empire, était déclaré inhabile à
entrer dans le Parlement nouveau ; aucune
grâce, aucune exception pour ces pestiférés !
Qu'ils dussent leurs pouvoirs à la faveur du
prince ou au choix de leurs concitoyens, ils
étaient tous également suspects. Ce fut un
vide immense dans les rangs de l'armée de
l'ordre ; les tuteurs naturels et toujours écou-
tés de ces fidèles électeurs qui, pendant vingt
ans, avaient assuré la marche régulière et
féconde du gouvernement, tous venaient à
manquer en même temps. Le drapeau qui
avait assuré l'ordre pendant de si longues an-
nées gisait à terre, foulé aux pieds par un
pouvoir éphémère. Où trouver alors les candidats à opposer à la République ? On alla
les chercher jusque dans le fond de leur
province ; on les exhuma, pour ainsi dire,
de leurs châteaux, où ils vivaient, res-
pectés à cause de leurs vertus et dé-
laissés par les électeurs à cause de leur
opposition constante à l'Empire. Je ne con-
nais pas de preuve plus saisissante de l'esprit invariablement conservateur de notre
pays. Comment pourrait-il rester quelques
doutes sur l'issue de la prochaine consul-

tation populaire, en présence d'une pratique,
qui ne s'est pas démentie une seule fois, dans
des circonstances si variées, si difficiles, si
extraordinaires ?

Combien est préférable la situation actuelle!
Le parti conservateur est au pouvoir, et il y
sera encore au jour de l'élection, s'il le veut
bien. La République n'est pas proclamée, elle
ne sera pas constituée; la bourgeoisie, qui était
naguère presque entièrement républicaine, est
fort dégrisée; enfin, le drapeau de l'ordre, au
lieu d'être traîné dans la boue, se déploie
fièrement dans toutes les élections et y rem-
porte déjà de fréquentes victoires. Que de
motifs pour se rassurer, quand bien même on
n'aurait pas pour soi tous les enseignements
de notre histoire d'hier!

X

Les élections partielles, qui ont donné
jusqu'ici, à notre point de vue de conservateurs, d'assez tristes résultats, ne doivent
effrayer personne. Il n'y a rien, en effet,
de plus différent d'une élection partielle
qu'une élection générale; dans la première,

tout est livré comme à plaisir à l'influence républicaine ou radicale ; l'électeur conservateur, quand il n'a pas devant lui un candidat impérialiste, ne reconnaît pour siens aucun de ceux qui se présentent ; les légitimistes paraissent très-peu goûtés de lui, et les orléanistes se dérobent ; quant au septennaliste pur, on s'en méfie, parce qu'en votant pour lui, on ne sait pour qui on vote ; le gouvernement paraît, jusqu'ici du moins, faire tous ses efforts pour nuire au seul candidat conservateur qui ait des chances sérieuses ; aussi l'électeur paisible et travailleur est-il déconcerté et fatigué de ces dérangements qui n'amènent aucun résultat : le plus ordinairement il ne vote pas.

L'abstention a pris, dans certaines circonstances, des proportions telles, que les journaux ont pu se rendre compte des forces de l'élément conservateur dans tel ou tel département en additionnant le nombre des abstentions.

Aucune de ces circonstances ne se présentera dans les élections générales : entraînés par la grandeur de l'événement, et justement anxieux d'un résultat qui pourrait être fatal à leurs intérêts, les électeurs se porteront en foule au scrutin, comme cela est toujours arrivé dans les consultations populaires. D'un autre côté, les candidats obscurs ou neutres auront disparu, et le gouvernement, quel que soit son mauvais vouloir d'aujourd'hui, sera contraint, absolument forcé par les courants impérieux de l'opinion, d'appuyer très-franchement le parti conservateur. Son attitude actuelle passe, aux yeux de certains esprits beaucoup trop tolérants, pour une espièglerie sans conséquence sérieuse; mais l'avenir du pays étant en jeu, persister dans cette voie serait de sa part une trahison que rien n'autorise à prévoir.

On pense bien, d'ailleurs, que le ministère actuel, inféodé à un parti, ne présentera à personne les garanties d'impartialité nécessaires et qu'on avisera à lui donner un successeur. C'est alors qu'il faudra appliquer cette fameuse trêve des partis, chimère irréalisable et dangereuse lorsqu'il s'agit de gouverner, mais logique et féconde lorsqu'il faudra simplement consulter le pays.

XI

Depuis quelques jours on colporte partout un moyen bien simple de faire la dissolution sans la faire : c'est le renouvellement de l'Assemblée par tiers. Il est difficile de prévoir l'accueil qui sera fait à cette singulière proposition, parce que rien d'étonnant ne peut plus nous surprendre. On peut affirmer, cependant, sans crainte de se tromper, que c'est l'imagination la plus folle qui se puisse trouver ; ce serait la crainte d'une nouvelle Assemblée républicaine qui, dit-on, inspirerait ce projet ; autant vaudrait se jeter à l'eau pour éviter la pluie. L'Assemblée étant, à quelques voix près, divisée en deux parties égales, il est évident que 200 membres nouveaux amèneraient immédiatement cette majorité redoutée des conservateurs.

Au surplus, si cette proposition *in extremis* arrivait à être discutée, elle aurait probablement un résultat tout opposé à celui que s'en promettent ses auteurs ; discuter le renouvellement partiel, c'est admettre la nécessité de la dissolution de la Chambre, et si elle est une fois admise, les conservateurs verront bien vite qu'ils ne courent pas plus de dangers et qu'ils ont beaucoup plus d'intérêt à la faire complète.

XII

Les impérialistes, comme défenseurs attitrés de l'ordre, ont de grands devoirs à remplir ; il leur appartient de soutenir la vraie, la seule politique conservatrice, qui consiste à investir le maréchal d'une dictature passagère, et à rejeter comme révolutionnaire toute organisation du septennat nécessairement républicaine ; alors la dissolution sera votée et la France, conservatrice comme toujours, soit par un plébiscite, soit même par des élections générales, imposera sa volonté souveraine à tous les partis. Hors de là, point de salut !

L'impérialiste s'est montré, en dépit de tous les obstacles, noblement fidèle au malheur et fortement attaché à ses convictions politiques; il sait que les partis qui attendent tout du hasard n'obtiennent jamais rien de lui; aussi a-t-il fait vaillamment son devoir et, s'il plaît à Dieu, il le fera jusqu'au bout.

Paris. — Imp. Dubuisson et Cᵉ, rue Coq-Héron, 5.

* 9 7 8 2 0 1 3 0 2 6 4 0 6 *